Género Ficción realista

Pregunta esencial

¿De dónde vienen las buenas ideas?

Al mejor nivel

Rosa Oriolo
ilustrado por Erik Riveros

Capítulo 1 Dos talentos

En el club del barrio se entrenan los niños que practican deportes y la entrenadora Paula se ocupa de descubrir talentos.

—No deben construir castillos en el aire —les dice Paula a los niños—. ¡Solo podrán alcanzar el éxito con mucho trabajo y esfuerzo!

Paula ayuda a entrenar a los niños de tercer grado. El sábado será el campeonato intercolegial.

Martina y Leticia son dos niñas que participarán en el campeonato jugando al tenis.

Martina se destaca en tenis individual. Leticia, en cambio, en tenis dobles.

Martina y Leticia van al club a entrenar todos los sábados. No son amigas. Muchas veces han competido entre sí, pero siempre juegan sin trampas y con mucha valentía.

Paula cree que juntas podrán ganar la copa intercolegial.

—Ante todo, deben jugar con alegría y con el mejor humor —dice Paula—. Esta es la clave para que todo salga bien.

La entrenadora sabe que las niñas lograrán sobresalir en las dos categorías.

AHORA COMPRUEBA

¿Quiénes son Martina y Leticia?
¿Qué hacen en el club?

Capítulo 2
El equipo se agranda

Paula también entrena a Noemí. Ella se destaca en salto en largo.

Noemí acaba de ganar un torneo nacional de salto largo.

Paula, la entrenadora, es la líder del equipo.

—Siempre deben estar alerta en el momento de la largada —le dice Paula a los niños—. Esto es muy importante. Así podrán ser los más veloces.

—Y así podremos llegar primeros a la meta —dice Noemí con una sonrisa.

Finalmente, Martina, Leticia y Noemí ganaron el campeonato intercolegial. Ellas llegaron al mejor nivel.

El domingo por la tarde en el club organizaron un festejo. El salón de actos del club es muy espacioso. Todos los niños de tercer grado están reunidos con sus padres.

AHORA COMPRUEBA

¿Por qué la entrenadora Paula ha elegido a Noemí para formar parte del equipo para el campeonato?

Capítulo 3

¿Cómo lo lograste?

Martina, Leticia y Noemí hablan frente a otros niños y a los padres. Les cuentan cómo se han convertido en deportistas sorprendentes.

—Siempre quise jugar al tenis —dice Martina—. Cuando era pequeña jugaba con mi papá. Tenía una raqueta de juguete. Cuando cumplí siete años comencé a entrenarme con Paula. Ella es una entrenadora muy buena.

Paula toma el micrófono. Señala a Martina con una mueca simpática y dice:

—Sí, al principio Martina era muy temerosa. Pero muy pronto comenzó a jugar con mucha seguridad.

Detective del lenguaje	¿Hay en esta página verbos terminados en *-ar* conjugados en tiempo presente? ¿Cuáles son?

—Mis hermanos y yo siempre jugamos al tenis —dice Leticia—. Es por eso que me gusta jugar dobles. Me siento muy bien cuando juego tenis.

—Leticia es una excelente deportista. Trabaja mucho para serlo —agrega la entrenadora Paula.

—Me entreno con Paula y luego practico con mis hermanos. Ellos son mis ídolos —dice Leticia.

—¿Y tú Noemí? ¿Qué puedes contarnos? —le pregunta Paula, la entrenadora.

—Pues, a mí siempre me <u>gustó</u> saltar. Al principio me caía y me daba unos buenos golpes. Cuando me desalentaba, Paula me decía "borrón y cuenta nueva". Y así volvía a comenzar una y otra vez.

Detective del lenguaje	El verbo subrayado es un verbo regular terminado en *-ar* en tiempo pretérito. ¿Cuál es el presente de este verbo?

—¿Estás contenta de haber ganado la copa? —pregunta su compañero Matías.

—¡Claro que sí! —responde Noemí—. Y también estoy contenta de haber ganado dos nuevas amigas, Martina y Leticia.

—Muchas gracias, niñas, por compartir sus experiencias —dice Paula—. Y, a partir de mañana, comenzaremos a trabajar otra vez. No deben dormirse en los laureles.

Todos aplaudieron mucho. Las niñas se abrazaron felices. Ese fue el comienzo de una verdadera amistad.

AHORA COMPRUEBA

¿Cómo comenzaron a entrenarse Martina, Leticia y Noemí?

Respuesta a la lectura

Resumir

Resume los sucesos importantes de *Al mejor nivel.* Usa el organizador gráfico como ayuda.

Personaje	
Ambiente	
Causa →	Efecto
Causa →	Efecto
Causa →	Efecto

Evidencia en el texto

1. ¿Es *Al mejor nivel* una ficción realista? ¿Cómo lo sabes? GÉNERO
2. En la página 4, ¿por qué Paula cree que Martina y Leticia ganarán el campeonato intercolegial? CAUSA Y EFECTO
3. ¿Qué significa *borrón y cuenta nueva* en la página 13? Usa las claves de contexto como ayuda para descubrir el significado. MODISMOS
4. Escribe acerca de las dificultades de Noemí al comienzo y lo que hizo para mejorar. ESCRIBIR SOBRE LA LECTURA

Género Biografía

Compara los textos

Lee sobre la vida de Jackie Robinson.

Jackie Robinson

(1919–1972)

Cuando Jackie Robinson era pequeño, a los afroamericanos a menudo se los trataba mal debido al color de su piel. Debían ir a escuelas distintas y comer en restaurantes distintos. También debían jugar en equipos diferentes. En 1947, Jackie rompió la "barrera del color". Se convirtió en el primer afroamericano en jugar en las ligas mayores del béisbol.

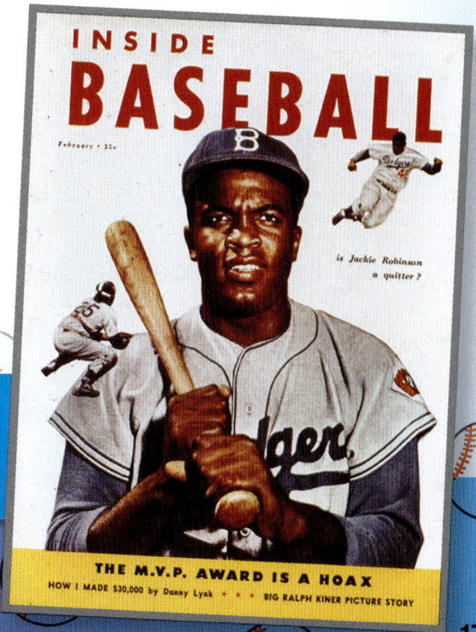

Jackie es la tapa de una revista de béisbol.

Mark Rucker/Transcendental Graphics/Getty Images

Jackie jugaba con los Brooklyn Dodgers. Algunas personas estaban enojadas por eso. Lo insultaban y le arrojaban objetos desde las tribunas. Los miembros de otros equipos evitaban jugar con los Dodgers. Pero Jackie se mantuvo firme y nunca se rindió.

Su carrera duró 10 años. Jackie ayudó a que los Dodgers llegaran a la Serie Mundial seis veces. Fue un corredor de base brillante. También fue el primer afroamericano en ingresar al Salón de la Fama del Béisbol.

Jackie se desliza hasta la base en un juego de 1952.

Bettmann/CORBIS

Jackie firma autógrafos a sus jóvenes admiradores.

Jackie se retiró del béisbol pero continuó luchando por los derechos civiles. Jackie Robinson le demostró al mundo lo importante que son las destrezas y creencias de una persona, no su color de piel. Su valentía ayudó a "abrir puertas" a los afroamericanos en otros aspectos de la vida.

Haz conexiones

¿Porqué Jackie Robinson decidió luchar para ayudar a otras personas? PREGUNTA ESENCIAL

¿Por qué Jackie Robinson podría haber inspirado a niñas como Martina, Leticia y Noemí? EL TEXTO Y OTROS TEXTOS

Bettmann/CORBIS

Enfoque:
Género

Ficción realista La ficción realista cuenta algo que podría suceder en la vida real. Los personajes se parecen a personas de la vida real. Los ambientes y los sucesos, aunque son inventados, podrían ser reales.

Lee y descubre *Al mejor nivel* es un cuento acerca de tres niñas deportistas. Cuentan cómo se despertó su interés por el deporte y alcanzaron el éxito.

Tu turno

Investiga sobre la historia del deporte. Escribe un cuento de ficción realista con personajes que se hayan inspirado en un deportista real que hayas elegido.